रूप तुम्हारा दरपन मेरा

गायी जाने योग्य ग़ज़लें, गीत एवं नज़्में

अनिल श्रीवास्तव "तरस" सुल्तानपुरी
Ex. K.N.I.T'n.

ISBN 979-8-89632-572-7

स्मृति शेष मेरे पूर्वज, मेरे माता-पिता, चाचा-
चाची दोनों बुआ-फूफा एवं स्मृति शेष मेरे छोटे
भाइयों बृजेश (लल्ला), राजेश (राजन), एवं
राकेश (राजू) तथा बहनोई शिव कुमार को नमन
वन्दन सहित सच्ची श्रद्धान्जलि हेतु

समर्पित

तथा

पत्नी-बीनू, पुत्र - गौरव (सनी),
पुत्रबधू - राशिका,
पुत्री - गरिमा (सुमि), दामाद - शोभित,
नातिन - श्रव्या,
मिशिका - पोती, नाती - अगस्त्या,
पोता - श्रीहान(शर्व)
एवं समस्त परिवार को

समर्पित

संगीत से साहित्य की ओर

संगीत मुझे दीवानगी की हद तक पसन्द है। संगीत मेरे परिवार का हिस्सा रहा है। मेरे पापा बहुत ही सुरीले थे तथा मधुर कण्ठ के धनी थे। पापा हमारे हारमोनियम के साथ ग़ज़लें, पुराने फिल्मी गीत और भजन आदि गाया करते थे।

बचपन मेरा संगीतमय वातावरण में ही गुज़रा। मैं भी उसी हारमोनियम से स्वाध्याय के माध्यम से सीख लिया और गाने बजाने लगा।

उन दिनों हमारे परिवार एवं बिरादरी की शादियों में तीन दिन बारात रुकती थी और उसमें या तो नृत्यांगनायें या कौव्वाल आते थे। वे ग़ज़लें या पुरानी फिल्मी ग़ज़लें गाते थे जो हमें बहुत पसन्द थी और वही सुप्तावस्था में मेरे मन मस्तिष्क में रच बस गयी थी। थोड़ा समझदार होने पर यहीं से मुझे ग़ज़लें लिखने का शौक बढ़ा।

मैं **पद्मश्री गोपालदास "नीरज"** की रचनाओं से बहुत प्रभावित था। मुझे ग़ज़लों का व्याकरण

नहीं मालूम था। मैंने बरेली के एक दौरे में **प्रोफेसर वसीम बरेलवी साहब** से मुलाकात की और उन्होंने मुझे **ग़ालिब** की एक ग़ज़ल अपने हाथों से मेरी डायरी में लिखकर ग़ज़लों का व्याकरण जैसे रदीफ़, क़ाफ़िया, मतला, मक़ता, बहर आदि समझाया जो कि उन्हीं की हैन्ड राइटिंग आगे अंकित है। मैं उनका दिल से शुक्रगुज़ार हूँ जिनके कारण मुझे ग़ज़लें लिखने का सऊर आ गया, फलस्वरूप यह क़िताब आपके हाथों में है।

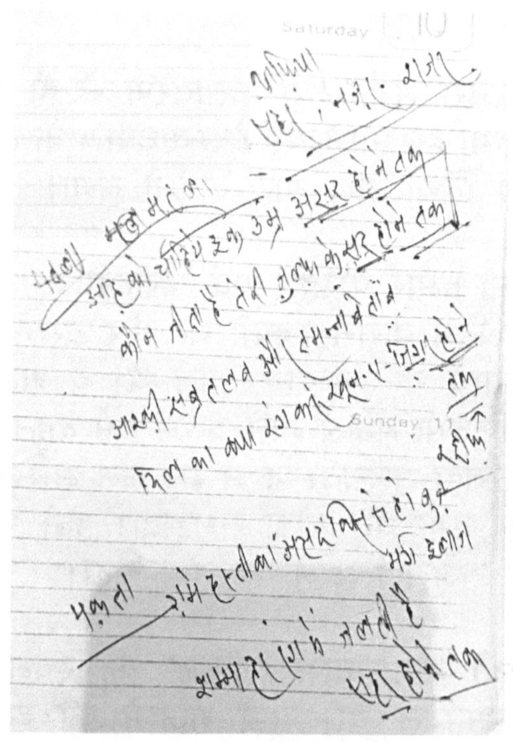

मेरी ग़ज़लें आम हिन्दुस्तानी भाषा में हैं। इस किताब का कवर एवं बैक पेज मेरे द्वारा ही डिज़ाइन किया गया है। दिमागी फिटनेस के लिए शारीरिक फिटनेस भी होना ज़रूरी है। मैं हाकी- फुटबाल में फारवर्ड लाइन का बेहतरीन खिलाड़ी था जिसके कारण इस उम्र में भी इस किताब के छपवाने में मुझे कोई शारीरिक बाधा नहीं आई।

मेरी ग़ज़लें, गीत एवं नज़्में संगीत बद्ध करके गाये जाने योग्य हैं। इसकी रिकार्डिंग सहित इलेक्ट्रोनिक मशीनरी किसी भी माध्यम से, मेरी अनुमति प्राप्त करके प्रयोग की जा सकती है। मेरी रचनाओं में नाट्यविधा का भी योगदान रहा है। मैंने अपनी रचनाओं में चलता फिरता जीवन्त चित्रण करने की कोशिश की है। मैंने कई नाटकों का मंचन तथा निर्देशन किया है तथा अपने लिखे अनेक नाटकों का मंचन और निर्देशन भी किया है तथा अन्तर्राष्ट्रीय बहुभाषीय प्रतियोगिता, कटक, उड़ीसा में भी कलाकार, रचनाकार एवं निर्देशक के रूप में सहभागी रहा हूँ। "नीम का पेड़" सीरियल में भी मैं एक छोटी सी भूमिका में रहा हूँ।

मैं मशहूर साहित्यकार, ग़ज़लकार श्री कमलेश भट्ट कमल जी का दिल से शुक्रिया अदा करता हूँ कि उन्होंने मेरी इस किताब को छपवाने में मदद की तथा इसके लिए प्रोत्साहित भी किया। मैं डा0 अब्दुल मन्नान (मन्नान सुल्तानपुरी) साहब जो कि हमारे क़रीबी दोस्त भी हैं, उन्होंने उर्दू शब्दों को दुरुस्त करने में मदद की। मैं उन्हें दिल से बहुत बहुत शुक्रिया अदा करता हूँ। मेरी रचनाएं कैसी लगी अवगत कराने की कृपा अवश्य करियेगा।

रूप तुम्हारा, दरपन मेरा,
अक़्स तेरा क्या सह पाया।
रूप की रानी, बेख़ुद शायर,
क्या इंसाफ़ वो कर पाया।

बेख़ुद = बेसुध, अपने आपे में न होना

अनिल श्रीवास्तव "तरस" सुल्तानपुरी

पाठक की क़लम से

अनिल भाई को मैं बचपन से जानता हूँ। बारहवीं तक पढ़ाई हमने साथ साथ की। अनिल भाई बचपन से ही बहुमुखी प्रतिभा के धनी रहे हैं। वे एक बेहतरीन ज़िन्दादिल इंसान तो हैं ही, साथ साथ लोगों के हर दुख:सुख में शामिल होने की तत्परता उन्हें विरासत में मिली हुई है।

वे हमेशा से एक अच्छे गायक रहे हैं। नाटकों में बढ़ चढ़ पे हिस्सा लेना उनका जुनून था। स्कूल और कालेज के सभी खेलों में उनकी भागीदारी अनिवार्य सी थी, लेकिन हाकी में उन्हें विशेष महारत हासिल थी, नतीजतन हमारा कालेज जिला स्तर पर प्रथम व दिव्तीय स्थान पर रहता था।

साहित्यकार की हैसियत से तो इनको इस किताब को पढ़ने के बाद ही जाना। इस किताब की रचनाओं को पढ़कर मैं स्तब्ध रह गया। लगभग सभी रचनाएं राष्ट्रीय स्तर की हैं। मैं कोई कवि या रचनाकार नहीं हूँ, जिससे मैं रचनाओं के

व्याकरण के बारे में कुछ कह सकूँ, परन्तु इतने कम शब्दों में, इतनी सरल भाषा में किसी की दिल की गहराइयों में इतनी आसानी से उतर जाना और फिर हृदय के तारों को झंकृत कर देना और हर रचना के बाद वाह, वाह कहलवाने के लिए मजबूर कर देना, इनकी निपुणता का तो मैं कायल हो गया।

अनिल भाई को बहुत बहुत बधाई और साधुवाद। अपनी तरफ से ही नहीं बल्कि तमाम मित्र मंडली की तरफ से एक अनुरोध है कि आने वाले समय में इसी प्रकार की रचनाओं से लबालब एक और पुस्तक मुहैय्या करायें और साहित्य जगत में अपनी विद्वता का परचम लहरायें।

राय बहादुर राय
प्रोफेशनल कन्सल्टेंन्ट
मुम्बई, महाराष्ट्र

एक मशहूर शायर की ज़ुबानी

कवि अनिल कुमार श्रीवास्तव जी से मेरे सम्बन्ध वर्ष 1983 से है जब मैं कमला नेहरू संस्थान का एल0 एल0 बी0 का छात्र हुआ करता था। उस समय इनका फोकस संगीत में था। मैं संस्थान के कार्यक्रमों में भाग लिया करता था परन्तु मुझे यह नहीं मालूम था कि आपकी रुचि साहित्य में भी है। वीरेन्द्र कुँवर जी हमारे सीनियर थे जिन्होंने एक कार्यक्रम में अनिल जी का परिचय गीतकार एवं ग़ज़लकार के रूप में कराया। तब का दिन और आज का दिन कि बिना अनिल जी के कोई भी कार्यक्रम अधूरा रहता है। अनिल जी अक्सर अपने दौलतख़ाने पर भी साहित्यक गोष्ठियाँ कराते रहते हैं। इनकी पुस्तक के मैटर को भी देखने का इत्तिफ़ाक़ हुआ जिसमें संगीत की झलक साफ-साफ दिखाई पड़ती है तथा महसूस भी की जा सकती है।

पुस्तक की कामयाबी की और स्वयं अनिल जी की कामयाबी पर मैं इन्हें दिल से मुबारक़बाद देता हूँ।

डा. मन्नान सुल्तानपुरी

अनुक्रमणिका

गीत एवं नज़्में

कब आओगे पालनहार (भजन)

कहो मैं किसका करूँ श्रृंगार
कौन है मेरा पालनहार

गीत मेरे बेसुरे हो चुके
ढोल मजीरे ताल खो चुके
रचनाएँ सब अर्थ खो चुकी
कब आओगे तारनहार

कहो मैं-------
कौन है-------

आँखों की अब ज्योति जा रही
साँसों की भी डोर जा रही
दिल की धड़कन मन्द पड़ रही
करुणामय मेरे करतार

कहो मैं------
कौन है------

दर्द पराया ले - लूँ शायद
आँसू उनके पी लूँ शायद
जीवन उनका तुमसे मांगू
दे - देना मेरे सरकार

कहो मैं-----
कौन है------

तू निर्बल की है पतवार
जीवन नइया है मंझधार
एक तिहारी आस है बाकी
पार लगा दो खेवनहार

कहो मैं-----
कौन है----

सदियों से हम बाट जोहते
कब आओगे तारनहार
कहो मैं किसका करूँ श्रृंगार
कौन है मेरा पालनहार

आज आँखें सजल मुस्कुराने लगीं

आहटें उनके आने की आने लगीं
आज आँखें सजल मुस्कुराने लगीं

उनकी पाज़ेब सुर में खनकने लगीं
तब घटायें भी सरगम में गाने लगीं

चाँद फिर बादलों से निकलने लगा
चाँदनी मिल गले खिलखिलाने लगीं

शाखे गुल आज ख़ुशबू से फिर भर गया
अब तितलियाँ भी गुलशन में आने लगीं

जिस्म की हलचलें आज थम सी गयीं
धड़कने बच गयीं दिल चुराने लगीं

दिल से है शुक्रिया इस ज़माने को भी
अब दुआओं में अक्सर वो आने लगीं

लब तो हैं सिले पर आँखें बोल रही हैं

लब तो हैं सिले पर आँखें बोल रही हैं
शायद वो मुहब्बत का वज़न तोल रही हैं

दिल में है किसके क्या ये भला किसको है पता
आँखें तुम्हारी दिल के राज़ खोल रही हैं

साग़र से तिश्नगी ने किया एक इल्तज़ा
साक़ी तभी से आँखों से मय घोल रही है

होंठ हैं कमल से सुर्ख़ चेहरा गुलाबी
रब की भी पाक़ नीयत आज डोल रही है

नज़्मों में, गीतों, शेरों में बस तू ही तू बसी
कुदरत की शाहकार तू अनमोल रही है

*साग़र – शराब का प्याला
*तिश्नगी – प्यास

तू ख़ुदा है मैं तेरी पनाहों में हूँ

तू ख़ुदा है मैं तेरी पनाहों में हूँ
ये क्या कम है कि तेरी निगाहों में हूँ

मैं तलबगार हूँ उस निगहबान की
जो ये कह दें कि मैं तेरी राहों में हूँ

मेरी माँ भारती नींद आती मुझे
मैं तो ओढ़े तिरंगा तेरी बाहों में हूँ

मैं चला उस डगर स्वर्ग की राह पर
दर क़दम मैं शहीदों की राहों में हूँ

मैं तो वो दर्द हूँ जो न दिखता कभी
पर मैं मुफ़लिस की हर इक कराहों में हूँ

सर्द रातों में बेघर बियाबान में
मैं तो खानाबदोशों की आहों में हूँ

शेरः लाखों चेहरे महफ़िलों में मुस्कुराते देखे हैं
पर, तेरे जैसा खिलखिलाता एक भी चेहरा नहीं

ले लूँ- ले लूँ बलायें मैं शामों - सहर
लग न जाये कहीं तुमको मेरी नज़र

रातों दिन आप ख़ुशियों से आबाद हों
काश लग जाती उनको हमारी उमर

मेरी चाहत का दिल पे हो उनके असर
लेकिन इसकी कभी न हो उनको ख़बर

तुम मिलो न मिलो तेरा एहसास हो
छोड़ जाना कभी ना हमारा शहर

प्यार से पेट भरता नहीं, है सही
थोड़े में ही करेंगे गुजर और बसर

साथ ग़र हो तुम्हारा कयामत में भी
आख़िरी भी सफर होगा स्वर्णिम सफर

ज़िन्दगी धूप में भी सुहानी लगे
जिसको मिल जाये तुम जैसा शीतल शजर

कैसे कह दूँ मैं बातें वो कल रात की

कैसे कह दूँ मैं बातें वो कल रात की
उनसे पहली ही पहली मुलाकात की

भीनी- भीनी सी ख़ुशबू थी बिखरी हुई
उस चमन में था आलम जवाँ रात की

चाँदनी रात दिलकश नज़ारे भी थे
जाने क्या कुछ हुआ अपने जज़बात की

रात ढलती रही दिल पिघलता रहा
काश ढलने न पाती फ़िज़ाँ रात की

सारी बातें थीं अपने जवाँ ख़्वाब की
फ़लसफा मेरे उनके थी दिन-रात की

उनपे बन्दिश और मुझसे सवालात की
ये कहानी है अँसुवन के बरसात की

मुझ पर ख़िज़ाँ क्यूँ आई फ़स्ले बहार में

सदियाँ गुज़र गई हैं तेरे इन्तज़ार में
क्या क्या सितम सहे हैं तेरे ऐतबार में

आँसू टपक रहे हैं दर्द जिगर के पास
कुछ तो करार आया दिले बेक़रार में

वैसे तो मैं फक़ीर हूँ फिर भी लुटा दिया
इक जाँ थी मेरे पास मेरे इख़्तियार में

अफ़साना बन गया है दिले ज़ार ज़ार का
कोई नहीं मुक़ाबिल सब्रोक़रार में

उसने निगाह फेर ली मुद्दा भी ये नहीं
मुझपर ख़िज़ाँ क्यूँ आई फ़स्ले बहार में

सज़दे में हूँ तुम्हारी मेरी ख़ता है क्या

सजदे में हूँ तुम्हारी मेरी ख़ता है क्या
तुझमें ख़ुदा हमारा मेरी ख़ता है क्या

हासिल नहीं तू मुझको गुरबत नहीं तो क्या
दरवेश* हूँ तुम्हारा मेरी ख़ता है क्या

तेरे सिवाय रब ने क्या कुछ नहीं दिया
शायद इबादतों में मेरी ख़ता है क्या?

ख़ुद की तलाश में तो सदियाँ गुज़र गयीं
तुझमें रहा मैं शामिल मेरी ख़ता है क्या?

मैं क्यूँ गिला करूँगा तेरी इनायतों का
दिल में मोक़ाम तेरा मेरी ख़ता है क्या

*दरवेश - फक़ीर, भिखारी
**गुरबत - गरीबी

एक दिन हम भी फ़नाँ हो जायेंगे

एक दिन हम भी फ़नाँ हो जायेंगे
इस जहाँ में दास्ताँ हो जायेंगे

सारी ख़ुद्दारी धरी रह जायेगी
एक पत्थर पर निशां हो जायेंगे

ज़िन्दग़ी के ग़म बयाँ कैसे करें
एक दिन हम बेज़ुबाँ हो जायेंगे

क्यूँ मिटा ली ज़िन्दगी उनके लिए
ख़ुद- ब- ख़ुद सारे बयाँ हो जायेंगे

दिल में काँटे हैं अगर उनके लिए
फासले ख़ुद दरमयाँ हो जाएंगे

तुमको मजलूमों में रब ग़र दिख गया
सब फरिश्ते मेहरबाँ हो जायेंगे

मेरे ख़्वाबों की ज़ीनत हमेशा रहे

हों कुंवारी ऋचायें∗ ज़रूरी नहीं
हों सुहागिन क़तायें∗∗ज़रूरी नहीं

मेरे लब मुस्कुरायें अलग बात है
मेरा दिल मुस्कुराये ज़रूरी नहीं

धीरे धीरे वो दिल में उतर ही गये
"सब" हुनर सीख जायें ज़रूरी नहीं

हमने गर्दिश में महफूज़ रखा उन्हें
सच बताया भी जाए ज़रूरी नहीं

मेरे ख़्वाबों की ज़ीनत हमेशा रहे
मेरे पहलू में आयें ज़रूरी नहीं

रब से भी ज़ियादा उन्हें पूजते
यह जताया भी जाये ज़रूरी नहीं

*कुँवारी – श्रृंगार रस का अभाव
*ऋचायें – पद्यमय गाये जाने वाले वेद ग्रंथ
**सुहागिन – श्रृंगार रस से लवरेज
** क़तायें – ग़ज़ल से स्वतंत्र शेर
ज़ीनत – शोभा, श्रृंगार

शोख़ गुलशन की नरगिस हो तुम तो नहीं

शोख़ गुलशन की नरगिस हो तुम तो नहीं
कैसे कह दूँ कि सज़दे में हम तो नहीं

सर्द रातें भी अब तो गुज़र जायेंगी
है तपिश मेरी आहों की कम तो नहीं

है अलम मेरी गर्दिश का शाम- ओ- सहर
ख़ूबसूरत अमानत से कम तो नहीं

दिल पिघलता रहा रात ढलती रही
बुझ रहे अब चिरागों में दम तो नहीं

रुख़ पे काली घटायें लो छाने लगीं
कैसे कह दूँ कि ज़ुल्फ़ों में ख़म तो नहीं

पी के आँसू भी लब मुस्कुराने लगे
हँस के पूछा गया कोई ग़म तो नहीं

तूने ज़ुल्फ़ों को रुख़ से हटा ही लिया
तेरी दरियादिली आख़िर कम तो नहीं

* ज़ुल्फ़ों में ख़म = घुंघराले बाल

क्रोधित नदिया सहमें किनारे

छोड़ गये हाय किसके सहारे
क्रोधित नदियाँ सहमें किनारे

दारुण दुःख अब भाग्य हमारे
गुलशन वालों सदक़े तुम्हारे

नज़रों ने माँगा दिलक़श नज़ारे
दे गये मुझको ज़ख़्मी बहारें

दिल तोड़े आवाज़ न आई
होंठ सिले अँखियन जलधारे

घायल मन का पंक्षी बोले
दिल जीते पर जीवन हारे

तुम रूठे मेरा जीवन रूठा
रूठ गये मेरे चाँद सितारे

जीवन भर तेरे ख़्वाब संजोये
टूट गये मेरे ख़्वाब कुँवारे

गुलिस्ताँ की कलियाँ

दिल में बिठाकर मुझको क्यूँ बेफ़िकर है तू
बरबादियों से मेरी क्यूँ बेख़बर है तू

तुझको क़सम है अपना सफर मुल्तबी कर दे
कैसे जियेंगे तन्हां मेरी हमसफर है तू

उस गुलसिताँ की कलियाँ बेहद हँसीन हों
गुलशन भी मेरा तू है नूरे नज़र है तू

था त्याग भी तुम्हारा और प्यार भी तुम्हारा
मेरी रहगुज़र भी तू थी मेरी रहगुज़र है तू

मुझको शिकस्त जब भी ग़ैरों से थी मिली
तूने मुझे संभाला लख़्ते जिगर है तू

मेरे दिल में गुलाब रहता है

हर एक दिल में इक हँसीन ख़्वाब रहता है
मैं हूँ काँटा मेरे दिल में गुलाब रहता है

ख़ुदा के नूर से परियों में नूर रहता है
नज़र में चाँद दिल में आफ़ताब रहता है

सभी को हक़ है मुहब्बत की इल्तज़ा करना
हमारे दिल में तो परियों का ख़्वाब रहता है

ऐ ख़ुदा मुझको इबादत की इजाज़त दे
तुम्हारी हूरों पर क्यूँ कर हिजाब रहता है?

किसी की इल्तज़ा को दिल में बिठाकर रखना
ख़ुदा की नज़रों में यह भी सवाब रहता है

वो कैसी उम्र थी कैसा ग़ज़ब ज़माना था
बिन पिये ही रंग-ए-शराब रहता है

कोई भी उम्र मुहब्बत में है नहीं मुज़रिम
ये दिल की बात है दिल में शबाब रहता है

रहनुमा

इक रहनुमा बनाकर सौ पद्दलित बनाया
क्या था मुनासिब हमने क्या फैसला सुनाया

उसने तो हम सभी से इक बार भीख माँगी
हमको भिखारी उसने ताज़िन्दग़ी बनाया

वह था करिन्दा मेरा लख़्तेजिगर हमारा
उसे रहनुमा बनाया हमें दरबदर घुमाया

हममें ही रहके हमसे कितना बदल गया है
वह था सुदामा लेकिन रंग कंस सा दिखाया

इंसान का लहू तो बस लाल ही रहा है
संसद में खूँ बदल कर बदरंग क्यूँ बनाया

उसकी भी माँ ने रब से इक चाँद ही था माँगा
माँगा था क्या ख़ुदा से पर कैसा उसने पाया

अपनी ही माँ से कैसे नज़रें मिलायेगा वो
था कर्ज़ दूध का भी वह किस तरह चुकाया

तेरे आँसू तेरी बातें मोहिनी

दूर बैठो, पास अब आना नहीं
मुस्कुराकर कुछ भी समझाना नहीं

हम तुम्हारी हरकतें सब जानते हैं
धीरे - धीरे मुझको फुसलाना नहीं

तेरे आँसू तेरी बातें मोहिनी
ऐ मेरे दिल इसमें फँस जाना नहीं

ऐ मुक़द्दर क्यूँ मिलाया इनसे तू
अब तो इनसे दूर भी जाना नहीं

सात परदों में अभी रहने तो दो
खाके कस्में मुझको फँसवाना नहीं

मर्द हो तो छोड़ दो मैके मुझे
देंगे अब कोई भी हरजाना नहीं

सर्द रातें, सर्द आहें क्या करेंगे
दर्द वाले गीत अब गाना नहीं

ली क़सम अब तो मुझे तू माफ़ कर
दिल कहीं भी और बहलाना नहीं

छलक जाते हैं क्यूँ आँसू मुबारकबाद देने में

सिर पत्थर से टकरायें कलेजा चीर दिखलायें
कभी चलना नहीं उस राह पर रहजन जो बतलायें

उन्हें हम कैसे पहचाने
कि रहबर कौन है रहजन कौन
फ़क़ीरी में तो रहबर है धनी को रहजन फुसलाये

छलक जाते हैं क्यों आँसू मुबारकबाद देने में
ज़ुबां से लब्ज़ तक
गायब अगरचे आँख मिल जाए।

बहाना चाहिए पीने को चाहे हो ख़ुशी या ग़म
सजी हैं महफिलें शामो-सहर और जाम टकरायें

बड़ी ज़िल्लत से हमने छोड़ दी वो रश्में मयखाना
नहीं जीयेंगे साक़ी के बिना मुरझा के मर जायें

हमें तो खींचती हैं शाम की संगीत की महफिल
अदाएँ साक़ी की क़ातिल ग़में दिल किसको
बतलायें

न हो इज़्ज़त बुज़ुर्गों की तो वो घर घर नहीं होता

जहाँ पगड़ी न हो इज़्ज़त की,
वो सर, सर नहीं होता
न हो इज़्ज़त बुज़ुर्गों की
तो वो घर, घर नहीं होता

जिगर के ख़ून से माली ने जिनको सींच रखा,
उन दरख़्तों को कभी भी
आँधियों से डर नहीं लगता।

शहर के जिस मकाँ में
कहने को तो ज़िन्दगी गुज़री,
मगर मेरे गाँव के घर के मुक़ाबिल
घर नहीं लगता।

सजाया है महल राजा ने यूँ तो स्वर्ग की माफ़िक,
मगर मेरे ख़ुदा तेरे दर के अच्छा दर नहीं
    लगता।
बड़ी ख़्वाहिश है उड़ने की
ज़रा उड़कर के दिखलाओ

मुझे परवाज़ों के जज़्बो सा तेरा प्यार नहीं
    लगता,
तुम्हारी बेरुख़ी मैकश को क्यूँ इतना सताती है।
वो मैख़ाना भी पी जाए कलेजा तर नहीं लगता,
जो दिल के अंदर तुझसे मिले प्यार का असर
    नहीं लगता।

मगर फ़ितरत अलग मेरी जगत की पटकथाओं से

मेरा संगम नहीं मुमकिन जगत की वासनाओं से
बहुत हटकर हूँ मैं यारों गगन के देवताओं से

ज़रा ख़ुद जोड़िये माँ देवकी की वेदनाओं से
वो कैसे जी रही थी कंस की उन यातनाओं से

तुम्हें चलना पड़ेगा रहनुमाओं के इशारों पर
मगर फितरत अलग मेरी जगत की पटकथाओं से

बिना माँ बाप के जो जी रहे हैं दुधमुंहे बच्चे
कलेजा काँप जाता है नकारी भावनाओं से

धरा पर राजनीतिक पाप जब बढ़ता है जन जन में
मिलन होता है तब परमात्मा का आत्माओं से

किसी भी देश का मुखिया अगर हो तो वो कैसा हो
बचाये मुल्क़ ख़ुद मिटकर जो, आई आपदाओं से

करोड़ों रूपये मिलने के दिन में ख़वाब आते हैं
बहुत होता हूँ ख़ुश यारों मैं कोरी कल्पनाओं से

साग़र मेरे क़रीब था पर पी नहीं सका

साग़र मेरे क़रीब था पर पी नहीं सका
उसके बगैर लेकिन मैं जी नहीं सका

मुद्दत से आरज़ू थी पहलू में वो रहें
मेरा चाँद मेरे पास था छू भी नहीं सका

उस ज्योतिषी ने जबसे तुझको मेरी कहा
तब से ख़ुशी के मारे सो ही नहीं सका

दुनियाँ ने सिर्फ मुझसे क़ुर्बानियाँ ही लीं
लेकिन तेरी जुदाई से मैं जी नहीं सका

यूँ तो ख़ुदा ने मुझको जन्नत अता किया
लेकिन तेरे बगैर मैं मर भी नहीं सका

तुम दिल से क्या गये हम बेनूर हो गये

तुमने तराशे ज़ख़्म जो, नासूर हो गये
फिर डाल दी निगाह तो काफ़ूर हो गये

तुमने बनाई रश्में वफ़ा मेरे वास्ते
हमने निभाई रश्म फिर क्यूँ दूर हो गये

महफ़ूज़ रखा हमने तुम्हें दिल में बिठाकर
तुम दिल से क्या गये हम बेनूर हो गये

हमने ख़्यालों में तो सजाई थी महफिलें
फिर ग़ैर की ही वज़्म के वो नूर हो गये?

हमने तो दिल का अपने तुमको ख़ुदा बनाया
तेरा बुत तराशा हमने तुम मगरूर हो गये

मैं बिकाऊ हूँ मगर क़ीमत अलग है

इस ज़माने में मेरी फितरत अलग है
लोग कहते हैं मेरी ज़ीनत अलग है

मैं आवारा नहीं कि जो चाहे ख़रीदे
मैं बिकाऊ हूँ मगर क़ीमत अलग है

सितमगर कहता है सारा ज़माना
मेरी सूरत, मेरी शोहरत अलग है

मेरी मासूमियत पर तो दुनियाँ फिदा है
मगर उनकी भी कुछ चाहत अलग है

लोग क़ातिल हैं मेरी मासूमियत के
ज़माने की भी तो नीयत अलग है

उसी कम्ज़र्फ पर हम मर मिटे हैं,
जिनकी नीयत और चाहत अलग है

ज़ीनत = ऋँगार, शोभा

वो समन्दर पी के प्यासा रह गया

जुर्म केवल जुर्म उसकी ज़ेहनियत
भेड़ों की है खाल ओढ़े असलियत

वो समन्दर पी के प्यासा रह गया
पोखरा, तालाब जिसकी मिल्क़ियत

सिर्फ सत्ता में वो काबिज रह सके
हो रही राज्यों में अब हैवानियत

आम जनता मर रही वो व्यस्त हैं
रहनुमाओं मर चुकी इन्सानियत?

अब शहीदों की भी रूहें रो रहीं
ना रही औलादों में रूहानियत

कौन जीतेगा महासंग्राम में
हो रही है मुल्क़ में रूमानियत

मिल्क़ियत = स्वामित्व
रूहानियत = आत्मिकता
रूमानियत = मुहब्बत का रूहानी एहसास

ताक़यामत मुल्क़ अब आज़ाद रहने वाला है

बढ़ रही हैं नफरतें फिर "गाँधी" मरने वाला है
या नया इतिहास "कोई" फिर से लिखने वाला है

है घटा घनघोर काली, बिजलियां तड़ तड़ चमकतीं
हर तरफ दहशत ही दहशत, कुछ तो होने वाला है

है बड़ा मनहूस "युग" शायर तो जबरन फँस गया
जान पर बन आई है अब "कुछ" भी लिखने वाला है

नीतिगत कुछ प्रश्न हैं, इन अन्धे बहरों के लिए
कब बराबर होंगे "सब"? या यूँ ही चलने वाला है

लाख ड्रैगन आग उगले, हम नहीं डरने वाले
ताक़यामत मुल्क़ अब आज़ाद रहने वाला है

सदियाँ गुज़र गयीं त्रेता से रावण मरना बाक़ी है

शेरः हर किसी का वक़्त होता है मुकर्रर जन्म से
फिर ये क्यूँ कहते चिरागों को बुझा देती हवा

मानव कितना और गिरेगा कितना गिरना
    बाक़ी है
सदियाँ गुज़र गयीं त्रेता से रावण मरना बाक़ी है

जब जज़्बात कहानी गढ़ता सत्य तभी मर जाता है
सीना चीरो दिल दिखलाओ सत्य निकलना बाक़ी है

मन्दिर-मस्जिद भटक रहे हो सत्य कहाँ पर
    खोजोगे
तीनो लोक ढूँढकर हारे ख़ुद में ढूँढना बाक़ी है

हमने तो संसार जीत ली ऊँचा आसन मेरा है
ये भी क्यूँ सोचा ही नहीं कि दिल जीतना बाक़ी है

चाँद - सितारों से भी आगे सफ़र हमारा ज़ारी है
अन्तर्मन ने सोचा है क्या मानव बनना बाक़ी है?

अन्दर - बाहर के ख़तरों से जूझ रहा है भारतवर्ष
हर इक भारतवासी को बस सैनिक बनना बाक़ी है

न किसी सरहद ने रोका न किसी खंजर में दम

कौन पुरवाई से पूछे रात भर चलती रही
और पछुँआ का न पूछो रात भर सोती रही

कब सुलाये कब जगाये रुख़ हवा का कैसा हो
दोनों की इस कशमकश में ज़िन्दग़ी कटती रही

न किसी सरहद ने रोका न किसी खंजर में दम
अम्न की ताज़ा हवायें अनवरत चलती रही

किससे गुज़री किसपे ठहरी ताज़गी भरती रही
हर कोई ख़ुशहाल हो ऐसी शिफ़ा बँटती रही

बर्फ़ की घाटी हो चाहे चिलमिलाती धूप हो
एक फ़ौजी की तरह हर हाल में हँसती रही

गीतों ग़ज़लों की हम सौगात करें

पास बैठो आओ अपनी बात करें
कुछ अपने दिल से सवालात करें

ज़िन्दग़ी काट दी अपनों के लिये
कुछ अपने हिस्से भी जज़्बात करें

अपने कहते हैं कि किया क्या है
पुराने ज़ख़्मों की क्या बात करें

ज़िन्दग़ी कितनी है मालूम किसे
काटकर इसमें से ख़ैरात करें

हाँ सलामत रहे दुनियाँ मेरी
ये दुआ मिलके दिनों - रात करें

अपनी दुनियाँ को देनदारी है
गीतों ग़ज़लों की हम सौगात करें

पड़ोसी जिसका भी दिल के क़रीब होता है

वक़्त इंसान का कितना अजीब होता है
कभी नसीब, कभी बदनसीब होता है

पड़ोसी जिसका भी दिल के क़रीब होता है
सच ये है कि बड़ा ख़ुशनसीब होता है

जिनकी कड़वी ज़बान भी शहद सी लगती है
वो कोई और नहीं बस अदीब होता है

वक़्त पड़ने पे तेरा साथ जो देता है, वही
आज के युग में वो सच्चा हबीब होता है

सब्र से काम जो लेता है यारों गुरबत में
और कोई नहीं वो बस ग़रीब होता है

हमने उजाड़े बाग़ और बारूद बो दिये

फिर से पड़ोसी ज़रख़रीद गुलाम हो गया
चर्चा जहाँ में ये तो ख़ासो आम हो गया

उनका वज़ीर बिक गया हमारी जलन में
मोहताज दाने दाने को अवाम हो गया

जन्नत की चाह में उसे माया मिली न राम
ग़ैरों के नाम ख़ुद से जो नीलाम हो गया

दुश्मन पसारा पाँव और अरदभ में ले लिया
उसका भी औरों जैसा क़त्लेआम हो गया

जब तक नहीं बँटे थे तब तक तो एक थे
मारा तुझे तो मुझसे भी इन्तकाम हो गया

हमने उजाड़े बाग़ और बारूद बो दिये
अब लीजिये क़ुदरत का इन्तक़ाम हो गया

तुमने बनाई स्वर्ग में सीढ़ी विमान की
जीवाणु क्या बनाया क़त्लेआम हो गया

ग़ैरों की महफिलों में जब जब भी उसको देखा
मैं ज़िन्दग़ी के मेले में नाकाम हो गया

हमारा मुल्क़ तो शतरंज की गोटें नहीं है

मिटा रहे हो तुम क्यूँ गुरूर -ए- हस्ती का
डुबो रहे हो तुम क्यूँ सफ़ीना- क़श्ती का

तेरी अगुआई में तो मिट रहा पुराना दल
ये कैसा रुतबा रहा तेरी सरपरस्ती का

उन्हें तो मुल्क़ की हालातों का पता ही नहीं
बने हैं वो तो सिरमौर जबरदस्ती का

पड़ोसी मुल्क़ तो पंजा गड़ाये बैठा है
और शहज़ादे का आलम है मटरगस्ती का

हमारा मुल्क़ तो शतरंज की गोटें नहीं हैं
हर एक रंग-ए-गुल शामिल हमारी बस्ती का

आप बेवजह ही अकड़ते हैं

हम शराफ़त से बात करते हैं
आप बेवजह ही अकड़ते हैं

हमको हिन्दोस्ताँ बचाना है
आप तोड़ने की बात करते हैं?

विरोध इतना भी नहीं अच्छा
कि दुश्मनों से भी गले मिलते हैं

जिस शजर पे ही आशियाना हो
बस वही शाख़ ही क्यूँ कटते हैं

क्यूँ लगाते हो आग बस्ती में
क्यूँ मिटाने की घात करते हैं

एक हँसता हुआ गुलशन अपना
क्यूँ रुलाने की बात करते हैं

सोन चिरइया फिर से चहचहायेगी
हम निज़ामत का रुख़ समझते हैं

विश्वगुरू बनना शर्तिया हमको
हवा का रुक हमीं परखते हैं

दर्द दिल भौंरों को सुनाते हैं

पहले तो हौसला बढ़ाते हैं
फिर वो मुड़ मुड़ के खिलखिलाते हैं

इन अदाओं को सच जो मान लिया
ज़िन्दग़ी भर उसे रुलाते हैं

वक्त गुज़रे थे जो तसव्वुर में
बस रुलाते हैं, गुदगुदाते हैं

जाने क्यूँ महजबीन कलियाँ बस
दर्द दिल भौंरों को सुनाते हैं

उचक-उचक के वो देखें हैं मुझे
पास आते ही शरमाते हैं

पहले तो दर्द ग़म सुनाते हैं
फिर तो सदियों उसे भुनाते हैं

एक एहसाने मुहब्बत का सिला
जान दे - दे के हम चुकाते हैं

दस्तकें दे रहीं हैं अब नस्लें
ख़ुद उन्हें दास्ताँ सुनाते हैं

वो ख़ुदा है बद्दुआ नहीं देता

वो किसी को भुला नहीं देता
लेकिन अपना पता नहीं देता

कौन कहता दुआ नहीं देता
वो ख़ुदा है,बद्दुआ नहीं देता

कोई इल्ज़ाम सर नहीं लेता
वो किसी को सज़ा नहीं देता

लोग कर्मों की सज़ा पाते हैं
वो किसी का सगा नहीं होता

लाख आज़मा ले दुनियाँ मुझको
ज़मीर अपना दग़ा नहीं देता

उसपे इल्ज़ाम ही नहीं साबित
कि, दर्द देता है दवा नहीं देता

जान दे दे के तिरंगे का मान रखते हैं

कहाँ सच की कोई अलग ज़ुबाँ होती है
दिल से निकलती है सीधे बयाँ होती है

लोग कहते हैं मसीहा हूँ मैं गरीबों का
वक्त आने पे मगर रूह फ़नाँ होती है

धर्म बराबर है कुछ लोग सच ही कहते हैं
लेकिन मजहब की दुकां बस उन्हीं की होती है

गुरबतों में जो पलती हैं बेटियाँ अपनी
मैं तो हैरान हूँ क्यूँ जल्द जवाँ होती हैं

हमारे देश की ख़ातिर ही जो कुर्बान हुए
उनकी कुर्बानी तो पत्थर पे निशां होती है

क्यूँ शिकायत है कि बात नहीं होती है
दिल में आ जाओ हर बात जहाँ होती है

ज़ख़्म नासूर बन गये शायद

लोग कहते हैं मुस्कुराती हूँ
कैसे कह दूँ कि ग़म छुपाती हूँ

ज़ख़्म नासूर बन गये शायद
वक़्त को दास्ताँ सुनाती हूँ

दर्द दिल हद से ज़्यादा बढ़ जाता
बस अकेले में गुनगुनाती हूँ

रात में ख़्वाब सुनहरे आते
कभी रोती हूँ, खिलखिलाती हूँ

एक स्त्री को हक़ नहीं शायद?
मर्दों से किस तरह निभाती हूँ?

जिनके घर पास-पास होते हैं

जिनके रिश्ते तो ख़ास होते हैं
अन्दर अन्दर उदास होते हैं

हाल यूँ पूँछ लिया था रस्मन
जाने क्यूँ बदहवास होते हैं

जिनके चमचम लिबास होते हैं
सच कहूँ बेलिबास होते हैं

रोटी कपड़े न मयस्सर जिनको
वो बहुत बिन्दास होते हैं

एक दूजे से बहुत जलते हैं
जिनके घर पास पास होते हैं

वे मुसीबत में काम आते हैं
जो दिल के आस पास होते हैं

कद्र जिसने न की पैमाने की
उनके ख़ाली गिलास होते हैं

सेठ दीवालिया भी हो जाए
जेब में सौ पचास होते हैं

रुख़ से ज़ुल्फ़ों को जब हटाते हैं

बस अकेले में खिलखिलाते हैं
सामने आते ही शरमाते हैं

बहार आई हैं गुलशन में मेरे
दिलों में फूल मुस्कुराते हैं

नज़र में चाँद दिल में सूरज है
ज़ेहन में तारे टिमटिमाते हैं

कहकशां ढूंढ रहा है उनको
मेरे आँगन में झिलमिलाते हैं

फ़िज़ाँ में कौंधती है तब बिजली
रुख़ से ज़ुल्फ़ों को जब हटाते हैं

चमन में फूल खिले हैं शायद
हर तरफ भौंरे गुनगुनाते हैं

अपने दामन को बचाकर रखना
सुना है बिजलियाँ गिराते हैं

ख़िज़ाँ की बात ही करें क्यूँ,जब
सब्ज़ बगियों सा लहलहाते हैं

मैं आइनां हूँ मेरे सामने भी मत आना

रात ख़्वाबों में बहुत बेकरार करते हैं
शब गुज़र जाये बहुत सोगवार करते हैं

हम तो सदियों से सनम ज़ार-ज़ार रोते हैं
चले भी आओ बहुत इन्तज़ार करते हैं

तेरा इबादतों में इन्तख़ाब करते हैं
ख़ुदा से ज़ियादा सनम तुमसे प्यार करते हैं

मैं आइना हूँ मेरे सामने भी मत आना
क़सम ख़ुदा की बहुत ऐतबार करते हैं

मैं सफर में रहूँ और उन्हें मिले मंज़िल
यही ख़ुदा से दुआ बार बार करते हैं

तुम्हीं से गीत ग़ज़ल और दिल में शहनाई
तभी तो प्यार तुम्हें बेशुमार करते हैं

हम बन्जारे इस दुनियाँ के मारे - मारे फिरते हैं

जब जब अपनी उम्र बढ़ी है घटती जाती ज़िन्दग़ी
करना चाहा बहुत मगर अब सिमटी जाती
  ज़िन्दग़ी

हर इक ग़लती याद मुझे है कैसे मैं प्रतिकार करूँ
सज़ा दिला या पुण्य करा रब मिटती जाती ज़िन्दग़ी

जैसे जैसे उम्र बढ़ी है बढ़ते जाते हैं रिश्ते
वैसे - वैसे, टुकड़े - टुकड़े बँटती जाती ज़िन्दग़ी

कुछ रिश्ते नासूर बन गये, कुछ में गर्मी बाक़ी है
कैसे निभ पायेगी अब यह, कटती जाती ज़िन्दग़ी

हम बन्जारे इस दुनियाँ के मारे - मारे फिरते हैं
ऐ रब कब रुख़सत हम होंगे बढ़ती जाती ज़िन्दग़ी

रहा-सहा सब माफ़ करो रब लेनी - देनी तेरी है
जो करवाया सब कर डाला मिटती जाती ज़िन्दग़ी

धोख़ा तो वही देगा जिस पर यक़ीन हो

धोख़ा तो वही देगा, जिस पर यक़ीन हो
वो कैसे दग़ा देगा, जो रब सा ज़हीन हो

तुम सिरफिरों से मत डरो बस बदज़ुबान हैं
डरना तो बस उसी से जो ज़्यादा महीन हो

वह क्या ख़राब होगा जो मर-मर के संजोए है
बरबाद हैं वो जिनकी पुस्तैनी ज़मीन हो

अब क्या पुरानी बात करें हँस रही हो तुम
तुम ही कहो कि जिसमें कहानी नवीन हो

हमने चिराग़ लेकर दर - दर की ख़ाक़ छानी
मुझको न मिला कोई जो तुझ सा हँसीन हो

पुनर्मिलन क्यूँ नहीं होता

दर्द अपनों का कम नहीं होता
उम्र भर यह सहन नहीं होता

क़ाश मिल जाते एक बार मुझे
मिलन फिर क्यूँ नहीं होता

तेरी चाहत की आग है दिल में
चाहकर भी ये कम नहीं होता

ग़ाद आता है बचपना अपना
अश्क़ बहना ही कम नहीं होता

ख़ुदा न गिन पाया साँसें सही से
वरना रिश्ता ख़तम नहीं होता

गिनतियाँ होती तो मैं बड़ा था
लिहाज करता तो ग़म नहीं होता

मैं हूँ तेरी सल्तनत और तू है मेरी क़ायनात

नर्म अँसुओं ने लिक्खे हैं मेरे दिल के जज़्बात
हर तरफ बिखरे हैं अफसानों के ज़ख़्मी नग़मात

वक़्त था कितना हँसी होती थी हर रोज़ मुलाक़ात
अब तो बरसों से नहीं होती है उनसे कोई बात

जब भी ख़ुशियों के महल बनते हैं ख़्वाबों में मेरे
दुनियाँ वाले ही ढहा कर मुझे देते सद्मात

अब किसी ग़ैर के ख़्वाबों की हक़ीक़त हो तुम
अब तो होती है मेरे अश्कों की मुसलसल बरसात

लाख मैं चाहता हूँ कि दिल से उतर जाओ तुम
हाय तेरी सादगी जो आज भी डसती दिन -रात

यूँ तो सूरज ने चाँद तारों ने हाँमी भर ली
कहकशाँ भी हैं गवाह तू ही है मेरी हयात

मैं तो तेरा रांझा हूँ और तू ही मेरी हीर है
मैं हूँ तेरी सल्तनत और तू है मेरी क़ायनात

बस जीने के लिए एक मुलाक़ात बहुत है

इस मुल्क़ के बारे में सवालात बहुत हैं
यह ठीक नहीं है कि ख़यालात बहुत है

इस देश के उत्थान में सहयोग नहीं है
बस लच्छेदार करने को तो बात बहुत है

इस छोर से उस छोर तक चाहे जहाँ जायें
हर मोड़ पे इस मुल्क़ में सद्मात बहुत हैं

हर दिल के हैं एहसास अलग राग अलग हैं
पर देश में गाने को तो नग़मात बहुत हैं

कुछ ऐसे है वतन पे जिन्हें मरने की चाहत
है उम्र तो कम उनकी मगर जज़्बात बहुत हैं

दिल चाहता है तुमसे मिलूँ टूटकर रोऊँ
पर डरता हूँ कि आज सियहरात बहुत है

ग़र साथ न गुज़री तो कोई ग़म नहीं मुझे
बस जीने के लिए एक मुलाक़ात बहुत है

ज़िन्दगी चार दिनों बाद बिछड़ जाती है (ज़िन्दगी)

ज़िन्दगी चाह है हर ख़्वाब से जुड़ जाती है
तुम जिधर चाहो उसी मोड़ पे मुड़ जाती है

तुम ग़लत राह पर जाने की जो करते कोशिश
मन ही मन तुमसे तो इक बार ये लड़ जाती है

यह तो क़ुदरत की अनमोल नियामत है हमें
चाहो शैतान या भगवान पे चढ़ जाती है

सर्ख़ुरू होती है तद्वीर क्यूँ तक़दीरों से
कभी बनती है कभी बन के बिगड़ जाती है

तुम इसे प्यार करो प्यार के क़ाबिल है बहुत
यह तो नफरत के एहसास से चिढ़ जाती है

ये कभी राम, कभी नानको, सुकरात बनी
तुम भी चाहो तो ये भगवान से जुड़ जाती है

तुम तो इंसान हो कुछ पुण्य करो त्याग करो
वरना ये चार दिनों बाद बिछड़ जाती है

कलियाँ बहुत सतायीं फूलों ने जाँ से मारा

कलियाँ बहुत सतायीं फूलों ने जाँ से मारा
फिर भी इसी चमन में मुझे आना है दोबारा

नज़रों की आतिशों से जला दिल का आशियाना
लेकिन वही निगाहें मेरे जीने का सहारा

चाहा था इस चमन में कहीं आशियाँ बना लूँ
लेकिन ये बागबाँ न सैयाद को गवारा

बरबादियों का अपनी इल्ज़ाम किसको देवें
दोनों शरीक़ इसमें शबनम हों या शरारा

जाँ लेना जाँन देना फितरत अलग अलग है
यह काम है तुम्हारा, वह काम है हमारा

ऐ कहकशाँ मुझे भी दे - दे कोई सितारा
ख़्वाबों से ख़ूबसूरत अंदाज़ प्यारा - प्यारा

नज़रों से जाने फिर क्यूँ गिराया गया मुझे

पलकों पे नाज़ोहुब*से बिठाया गया मुझे
नज़रों से जाने फिर क्यूँ गिराया गया मुझे

चिलमन से आँसुओं को शिकायत रही यही
परदानशीं बना के सताया गया मुझे

कुर्बानी मेरे हिस्से और सवाब तेरे हिस्से
यह कैसी है इबादत मिटाया गया मुझे

इन्साफ़ वह नहीं है जो मरने के बाद आवे
हक़ वाज़िबी था ऐसे हराया गया मुझे

उम्मीद उनसे यह थी आकर गले मिलेंगे
बस ईद की सुबह ही मिटाया गया मुझे

फितरत से चाहतों से हक़ से और छल से
दामन से मेरी माँ की चुराया गया मुझे

नाज़ोहुब = सम्मान देने की पराकाष्ठा

छुआ तूने कोहिनूर हो गया

राहे पत्थर था नूर हो गया
छुआ तूने कोहिनूर हो गया

चाँद छूने की चाहत हुई
शायद मुझको गुरूर हो गया

आज आयेंगे घर पे मेरे
सोचकर ही सुरूर हो गया

जब से देखा व जाना तुम्हें
रोग दिल का हुज़ूर हो गया

तेरा हुस्नोजमाल देखकर
आइना चूर - चूर हो गया

मेरे रग रग में रच बस गयीं
आज अपनों से दूर हो गया

ख़्वाब में आसमाँ छू लिया
माफ़ कर दो कुसूर हो गया

अब न जाना यह शहर छोड़के
इसको कुछ कुछ हुज़ूर हो गया

रब की ही सारी दौलत सौदा करें उसी से

बीमार की अयादत∗ जिससे भी हो सकी है
सदियाँ गवाह उसको रब की दुआ मिली है

रब की ही सारी दौलत सौदा करें उसी से
यह कैसी है तिजारत यह भूख कुछ नई है

मुझको अमन की चाहत हमेशा रही मगर
ज़ुल्मों सितम हुए हैं दुश्वारियाँ बढ़ी हैं

हमने तो ज़िन्दग़ी भर की मुल्क़ की हिफ़ाज़त
घर जाकर देखा मैंने दुनियाँ मेरी लुटी है

अयादत = बीमार की तीमारदारी

मैं फूलों से यारी निभाउंगा कैसे

तुम्हीं को तुम्हीं से मिलाउंगा कैसे
बता ऐ मोहब्बत छुपाउंगा कैसे

बड़े नाज़ से जिनको अँखियों ने पाला
उन अश्कों को उनको दिखाउंगा कैसे

जिन्हें हमने दिल में छुपा कर रखा
वो नग्में वफ़ा गुनगुनाउंगा कैसे

मगर हमने जिनके लिए हँसना छोड़ा
उन्हें एक पल भी रुलाउंगा कैसे

जिन्हें बेवफ़ा लाख दुनियाँ ने समझा
वो हैं दिल की ज़ीनत सताउंगा कैसे

मेरे हमनशीं सिर्फ काँटे रहे हैं
मै फूलों से यारी निभाउंगा कैसे

धूल सावन में उड़े अब जाने क्या होने को है

नेकी सच ईमान दुनियाँ से हवा होने को है
धूल सावन में उड़े अब जाने क्या होने को है

ज़िन्दगी मेरी मुसलसल आँसुओं में कट गयी
चश्मेतर से आख़िरी आँसू जुदा होने को है

एक बस दीदार में ताउम्र सज़दों में कटी
जाने जाँ दिलवर मेरे अब वो ख़ुदा होने को हैं

सर पे छत हासिल नहीं ईमान का मैं क्या करूँ
वह फरेबी यार अपना हुक्मराँ होने को है

हम चरागों की तरह ताज़िन्दगी जलते रहे
कुछ उजाले और कर लूँ अब जुदा होने को हैं

आख़िरी साँसों ने सरहद पे था पूछा ऐ वतन
कर्ज़ मुझ पर था तेरा शायद अदा होने को है

ना होता चाँद तेरी रातें अँधेरी होती

ख़ुश्बू आती न तेरी दिल ये मचलता कैसे
इश्क़ की राह में यूँ घर से निकलता कैसे

ये मेरा इश्क़ है जिसने तुझे शोहरत दी है
जैसे सूरज के बिना चाँद चमकता कैसे

ये भी सच है कि तेरे जैसा कोई और नहीं
वरना पत्थर सा मेरा दिल था पिघलता कैसे

चाँद होता न, तेरी रातें अँधेरी होती
तब तेरा आफ़ताब रात में दिखता कैसे

हमने वहशी से तुझे आदमी बनाया है
हम न होते तो दर्द आँखों में दिखता कैसे

देश पर कुर्बान होकर माँ के आँचल मे गिरूँ

हादसा हाथों मेरे हो जाये न मैं ख़ुद डरूँ
ऐ मेरे हमराह चाहत है कि कुछ अच्छा करूँ

उनकी आँखों में बसूँ ये हक़ भी है चाहत भी है
फर्ज़ फिर इन्सानियत का किस तरह पूरा करूँ

परवरिश मेरी हुई कुछ ऐसे ही माहौल में
या तो सज़दे में रहूँ या सरहदों पर कट मरूँ

तेरी नज़रों से न गिर जाऊँ ये कोशिश है मेरी
देश पे कुर्बान होकर माँ के आँचल में गिरूँ

ऐ मेरी हमराह नफरत अब तो पीछा छोड़ दे
दो दिलों के बीच की बढ़ती हुई खाँईं भरूँ

कर्ज़, लालच, क्रोध, नफरत, रात की रंगीनियाँ
इससे छुटकारा दिला रब बात देकर न फिरूँ

ईर्ष्या और द्वेष से दामन जो मेरा साफ हो
इश्क़ मेरे साथ हो तो क्यूँ भला आहें भरूँ

मुझपे शबाब आया तब बाग़बाँ ने लूटा

आदत तो है यकीं की दौरे जहाँ ने लूटा
अभी रास्ते मे मुझको इक बेज़ुबाँ ने लूटा

तिल तिल सँभल सँभल के मेरी परवरिश हुई थी
मुझपे शबाब आया मुझे बाग़बाँ ने लूटा

हमने ज़ुबाँ न खोली किये तुमने न इशारे
रुख़सत हुई है डोली मुझे कारवाँ ने लूटा

ऐ देने वाले मौला इतनी भी दे न दौलत
बाज़ार में हो शौहर सूने मकाँ ने लूटा

दुश्मन पड़ोसी अपना भूखे थे उसके बच्चे
रोटी भी दे न पाया इस दास्ताँ ने लूटा

कुनबा हमारा छोटा दीवार थी न छत थी
जिसके भरोसे छोड़ा उसी आसमाँ ने लूटा

कल तक हरम की ज़ीनत बाँदी है आज वो
इक शेख था मेहरबाँ घर की दुकाँ ने लूटा

बर्फीली चाँदनी में सोया था चैन से मैं
छू कर के फिर जगाना इसी कहकशां ने लूटा

जन्नत मिली है मुझको नज़रों के जाम से ही
घर में उठा है तूफाँ मुझे साक़ियाँ ने लूटा

बिखरे हज़ारों मोती ज़रा खिलखिलाइये

बिखरे हज़ारों मोती ज़रा खिलखिलाइये
संज़ीदगी का रुख से परदा हटाइये

आँखों में आँखें डालतीं तो बोलती ज़रूर
हक़ छीनिये न इनसे नज़रें उठाइये

छुप छुप के बात करने की आदत रही मेरी
कुछ रूबरू भी बोलूँ वो जादू सिखाइये

कभी उर्वशी लगे हैं कभी हूर सादग़ी की
मैं मुनी नहीं कवी हूँ, नहीं आजमाइये

पड़ोसी पार्थ सा मोहित है तालिबानों से

बिकें सियासतें अब मजहबी दुकानों से
धुआं धुआं सा उठा पास के मकानों से

कहाँ सलीम शहजादा कहाँ अनारकली
कभी मिली है ये ज़मीन आसमानों से

दीजिए लार्ड यू एस फिर से ज्ञान गीता का
पड़ोसी पार्थ सा मोहित है तालिबानों से

वही मुकाम, वही लोग और अल्लाह भी वही
वो दुआ क्यूँ नहीं मिलती है अब अजानों से

वही भुजायें, वही बाण और गाण्डीव वही
लुटी थीं गोपियाँ अर्जुन के भी ठिकानें से

जैसे इठलाता है मैकश वैसे इठलाता है दिल

मौत की आहट हो जैसे ऐसे इठलाता है दिल
एक दस्तक हो ज़माने की सहम जाता है दिल

जब से आया पाक़ जज़्बा सरफरोशी का मुझे
इश्क़ की कश्ती को ख़ुद ही पार ले जाता है दिल

लाख़ समझाता था पहले डूबता जाता था दिल
ख़्वाब की इक हाँ से उसकी अब बहल जाता है
   दिल

जब मोहब्बत को मोहब्बत का सिला मिलता
   रहा
जैसे इठलाता है मैकश वैसे इठलाता है दिल

चाँद जैसी ख़ूबसूरत चाँदनी बरपा करें
ओट में बदली के होते ही सहम जाता है दिल

ज़ुबान क़ैद दिल की घड़कनों पे पहरा है

सियासत ऐसी हुई ख़ून तेरे सूख गये
कपूत ऐसी जनीं दूध तेरे सूख गये

बड़ा गुमान था अब तो स्वराज आयेगा
स्वराज आया मगर सारे कूँए सूख गये

ज़ुबान क़ैद दिल की घड़कनों पे पहरा है
सँजो के रखे थे जो अश्क़ मेरे सूख गये

नसीब ऐसा कि मौसम तलक है साथ नहीं
अबकी पुरवाई में सब ख़्वाब हरे सूख गये

अजब सी प्यास वज़ीरों के भी पियादों के
नदी औ नाले समन्दर हमारे सूख गये

एक ज़र्रा था आफ़ताब हुआ

एक ज़र्रा था आफ़ताब*हुआ
अपनी कोशिश में कामयाब हुआ

यूँ तो दुनियाँ ने मिटाना चाहा
रह के काँटों में वो गुलाब हुआ

वह तो शोहरत की है बुलन्दी पर
जैसे तारों में माहताब*हुआ

वह फरिश्तों का भी सरताज हुआ
सारी दुनियाँ का भी अहबाब*हुआ

लाख हालात बहुत मुश्किल हों
फिर भी साबित वो अरबाब*हुआ

आफ़ताब = सूरज
माहताब = चाँद
अहबाब = दोस्त
अरबाब = देखभाल करने वाला सर्वोच्च स्वामी

मुल्क़ शतरंज की बिसात नहीं

जुर्म की ज़िन्दग़ी हयात नहीं
मुल्क़ शतरंज की बिसात नहीं

कैसे दुश्मन चमन में घुस आया
वज़ीर बोला कि मालुमात नहीं

दूरियाँ अपनी क्या बढ़ाने में
जुर्म इकतरफा है शामिलात नहीं

मैने बचपन से तुम्हें पाला है
आज मेरी कोई औकात नहीं?

आँख की किरकिरी क्यूँ समझा गया
जैसे मैं जुज़्बे क़ायनात नहीं

जहाँ नज़रों से बँटती है
वो मैख़ाने नहीं आये

जहाँ नज़रों से बँटती है, वो मैख़ाने नहीं आये
बमुश्किल आ गया लेकिन,वो पैमाने नहीं आये

दुआ लाई, अदा लाई, बला का हुस्न भी लेकिन
जिगर को चाक कर दे जो,वो नज़राने नहीं आये

घटायें झूम के बरसें, फ़ज़ायें रागिनी गायें
बहारें हँस पड़े जिनसे, वो दीवाने नहीं आये

वो शबभर ख़ुद जली अपना ही ग़मख़ाना जला डाली
मगर जिसपे मिटी शम्मा वो परवाने नहीं आये

पलक़ झपकी नहीं शबभर कि हर आहट पे दिल
    धड़का
हमारी जाँ पे बन आई, वो दीवाने नहीं आये

तू क़ुदरत का करिश्मा है,तू दीवानों की काबा है
तेरी तस्वीर जिसमें है, वो बुतख़ाने नहीं आये

जिनके कूँचों में न जाने की क़सम खायी थी

आग का दरिया मिला फिर ग़में सैलाब मुझे
मेरे हमराह ने तोहफे दिये नायाब मुझे

अब किसी ग़ैर के ख़्वाबों की हक़ीक़त हो तुम
फिर क्यूँ आते हैं सरे - शाम तेरे ख़्वाब मुझे

जिनके कूँचों में न जाने की क़सम खायी थी
ले चला आज वहीं फिर दिले - बेताब मुझे

एक मुद्दत से जिसे दिल में बिठाकर रखा
तोड़कर ख़्वाब मेरा कर गये बेख़्वाब मुझे

जिनकी ख़ातिर हमने जान तक कुर्बान की
और उसने ही दिया अश्कों का सैलाब मुझे

तिजारत कर रहे हो तुम हमारी भावनाओं का

हिक़ारत से किसी मुफलिस को ठुकराया नहीं
    जाता
ख़ुदा की ही तो दौलत है, यूँ इतराया नहीं जाता

बहुत तू जी लिया अपने लिये औरों की ख़ातिर
    जी
कज़ा इक दिन तो आनी है ये झुठलाया नहीं
    जाता

कम अज़ कम हज़रते वाइज़* की नज़रें पारसाई
    हो
वतन पर बदख़्याली का कहर ढाया नहीं जाता

इधर भी हम,उधर भी हम,ये कैसा दुख भरा
    मंज़र
मसअला कैसा भी हो, ऐसे सुलझाया नहीं जाता

तिजारत कर रहे हो तुम हमारी भावनाओं का
मगर ऐ रहनुमा सच्चों को भरमाया नहीं जाता

* हज़रते वाइज़= धर्मोपदेशक

ज़िन्दग़ी सौंपी थी नज़राने में

ज़िक्र कुछ ऐसे हैं मैख़ाने में
वो आयेंगे मेरे ग़मख़ानें में

रूबरू देखूँ ये हिम्मत न हुई
अक़्स देखा किये पैमाने में

धड़कते दिल को सँभालूँ या उन्हें
साज़ क्यूँ छेड़ा दिले वीराने में

बचा ही क्या जो उन्हें पेश करूँ
ज़िन्दग़ी सौंपी थी नज़राने में

बात करने की कोशिश की बहुत
बेज़ुबाँ अश्क़ छलके थे अनजाने में

हमने चाहा कि वो बदनाम न हों
बना ली कब्र आशियाने में

ख़ाक़ हो जाऊँ ख़बर आम न हो
"तरस" ज़े चर्चे हों अफ़साने में

लो फिर चुनाव आ गया वादे तो हैं हज़ार

यूँ कुर्सियों से चिपके है श्वेताम्बरीय काग
ज्यूँ चन्दनों से लिपटे हैं काले विषैले नाग

लो फिर चुनाव आ गया वादे तो हैं हज़ार
क्या क्या दिखाये जायेंगे इस बार सब्ज़बाग़

कितनी हंसीन घाटियाँ और उसमें आतिवाद
मोनालिसा के चेहरे पर जैसे सफेद दाग

कलयुग के इस चरण में इन्सानियत की बात
अब तो ज़मीर बिक रहे हैं जैसे मूली - साग

लो फिर बिसात बिछ गयी है जोड़- तोड़ की
शकुनी लगा रहे थे ज्यूँ दोनों कुलों में आग

कर्ज़ लेना पड़ेगा क़फ़न के लिये

ये आँसू हैं तुझको नमन के लिये
ज़ख़्में दिल मेरा हाज़िर हवन के लिये

हम गले तक हैं कर्ज़ों में डूबे हुये
कर्ज़ लेना पड़ेगा क़फ़न के लिये

हैं ये अन्धी सियासत के ही फैसले
कल को बिकना पड़ेगा वतन के लिये

नफरतों की तो दीवारें पुख़्ता हुईं
सर क़लम होंगे कल फिर दमन के लिये

कब तलक़ यूँ ही लिपटे रहें स्वार्थ में
जागिये अब तो अपने चमन के लिये

वर्ना बँट जायेगा फिर से हिन्दोस्ताँ
और कहा जायेगा है अमन के लिये

पत्थर भी रो पड़े हैं वो इतना सताये हैं

अक्सर मिले हैं ग़म मुझे वो मुस्कुराये हैं
जब भी मिली ख़ुशी तो वो नज़रें चुराये हैं

क़ुदरत भी ख़ुश है उनको सभी अस्त्र सौंपकर
वो भी हैं ख़ुश कि मुझपे सभी आजमाये हैं

सब कुछ भुलाकर उनकी महफिल में जब गया
ग़ैरों के हक़ में फैसला हँसकर सुनाये हैं

मेरे दुश्मनों से उनकी सदा दोस्ती रही
हक़ दोस्ती का जाने क्यूँ मुझपर जताये हैं

ऐ मेरे ख़ुदा देख तू तुझसे है क्या छुपा
पत्थर भी रो पड़े हैं वो इतना सताये हैं

हमने बिछाये फूल सदा उनकी राह में
काँटों से मेरी सेज़ वो अक्सर सजाये हैं

हों लाख बहारों में मेरी तो कमी होगी

जलते हुए होंठों पर थोड़ी तो नमी होगी
पतझड़ में शाखों पर इक पत्ती तो बची होगी

कह दो कि ख़िज़ाओं से तूफाँ की मुहब्बत में
इतना भी न इतराएं सहरा में कली होगी

जब भी हमारी ग़ज़लें मँहकेंगी फ़िज़ाओं में
तब दिल की दरारों में थोड़ी तो कमी होगी

मुझको भी मेरे यारों इतना तो गुमाँ है ही
हों लाख बहारों में मेरी तो कमी होगी

कुछ और सियह रातें अभी ज़िन्दगी में बाक़ी
ऐ चाँद ज़रा थम जा तुझको भी ख़ुशी होगी

न हिन्दू न मुसलमानों में है

न हिन्दू न मुसलमानों में है
हमारा नाम बस दीवानों में है

क़लम ग़र टूटती है टूट जाने दो
हमारा ज़िक्र तो अफ़सानों में है

लहू टपकेगा आँखों से टपकने दो
ये चर्चे दिल के मेहमानों में है

जिसे तेरी मेहर हो उसको ग़म ही क्या
अगर गुलशन उसका वीरानों में है

लो मैंने सौंप दी दिल की रियासत
कुछ इससे बढ़के नज़रानों में है ?

लहू जिगर का बहता है तो बहने दो

जिस्म जिगर और दिल की बातें कहने दो
बाक़ी सब बेकार की बातें रहने दो

आन - बान और शान देश का बच जाये
लहू जिगर का बहता है तो बहने दो

दिल का दर्द बयाँ करना तो मुश्किल है
दिल का रोग पुराना है बस सहने दो

अगर किसी का बोझ उठाने में यारों
जिस्म दर्द से दुहरा हो तो होने दो

उसको उसका प्यार अगरचे मिल जाये
आँख से आँसू बहते हैं तो बहने दो

मज़लूमों की ख़िदमत करने से यारब
किला स्वर्ग का ढहता है तो ढहने दो

@सर्वाधिकार सुरक्षित
अनिल श्रीवास्तव "तरस"
मज़लूम = दबे, कुचले, सताये हुए लोग।

सज सँवर के आया नया साल है

सज सँवर के आया नया साल है
क्या हँसीन मस्त मस्त चाल है
कोई तो कहेगा बुरा हाल है
कोई तो ख़ुशी से मालामाल है

ऐ ज़रा सँभल के तुम चला करो
रास्ते में इक नया बवाल है
ज़िन्दगी की टेढ़ी मेढ़ी राह में
हर जगह खड़ा हुआ सवाल है

चाँद तारों से सजी बारात है
ज़िन्दगी की ये भी एक चाल है
तुम जिओ औरों को भी जीने दो
क्या ग़ज़ब की उम्दा ये मिसाल है

प्यार बाँटते चलो बड़े मियाँ
छोटे मियाँ तुमको क्या मलाल है
होली में बँटेगी अब सिवइंयां
चेहरे ईद में रंगे गुलाल हैं

थपकियाँ क्यूँ दे रहे ज़मीर को
सो गया तो वो ही तेरा काल है
नये साल से उसे जगाइये
जो गया वो समझो बीता साल है

इंसा ही बने रहो ऐ रहनुमा
देवता का वैसे ही अकाल है
अब भला क्यूँ अवतरित हो मंच पे
देश का तो वैसे तंग हाल है

चाँद तारे ग्रह पे तुम पहुँच गये
यह तुम्हारे बस का ही कमाल है
आदमी अभी भी बनना शेष है
बोलिए तुम्हारा क्या ख़याल है

अलविदा तुझे ऐ बीता साल है
स्वागतम् ऐ आने वाला साल है
मखमली सी ज़िन्दगी मिले"तरस"
हो मुबारक़ सबको नया साल है

मजदूर दिवस पर

हम तो हैं कर्मयोगी तेरे मजदूर नहीं हैं
कोई खा ले मेरे हिस्से की अब मजबूर नहीं हैं

हम अपने हिस्से का तो सभी काम करते हैं
इल्ज़ाम ग़लत हम पर हो यह दस्तूर नहीं है

इल्ज़ाम क्यूँ लगते हैं हम पर कामचोरी के
ख़ुद्दार हैं हम, चोर नहीं, मगरूर नहीं हैं

इस दुनियाँ की मशीनें, खेत खलिहान हमसे हैं
हम मेहनती हैं पर खाने को भरपूर नहीं है

पर किस तरह मलाई अफसर चाट जाते हैं
और फिर भी उनके चेहरों पे कोई नूर नहीं है

हमारे देश के संस्थानों को क्यूँ बेच रहे हैं
यह इल्ज़ाम भी उन्हीं पे अपना कुसूर नहीं है

अगर बिक जायेंगी फर्में तो क्या खायेंगे बड़े
  लोग
अपने हाथों में हुनर है कोई मजबूर नहीं हैं

हमनशीं चाँद सा बनाया है

मेरा हमराज मेरा हमदम है
किसी ख़ुदा से वो नहीं कम है
मेरी इबादतों की क़सम ले लो
वो मेरी साँसों की सरगम है
हर सिम्त तू ही रहती है
हमारी आत्मा में बसती है
मेरी इस ज़िन्दगी के एलबम में
बस तस्वीर तेरी रहती है
यह रब की कैसी माया है
हमनशीं चाँद सा बनाया है
रहगुज़र साथ तेरा छूटे ना
हमनफ़स साँसो का सरमाया है
मेरा हमराह हमनवाँ भी है
वो ख़ूबसूरत कहकशां भी है
है कायनात में नहीं कोई
वो दिलनशीं दिलजवाँ भी है
अँधेरी रात में उजाला है
साथ में हमसफर निराला है
हमारी ज़िन्दगी की ख़ातिर वो
यमराज तक से लड़ने वाला है

मेरे पापा

इण्टर कालेज के अध्यापक सूटेड - बूटेड रहते थे
थे सुकुवार और नाज़ुक दिल परोपकार ही करते
थे

गीत ग़ज़ल के अद्भुत गायक मधुर कण्ठ के
मालिक थे
आर्ट कला के माहिर टीचर यही पढ़ाया करते थे

अध्यापन के माहिर, ज्ञानी अनुशासन के पक्के
थे
उन बच्चों की शामत आती जो शैतान उचक्के
थे
मै भी छात्र उसी कालेज का जिसमें वे अध्यापक
थे
ज़्यादा मार मुझे पड़ती थी खेल- कूद में पक्के
थे

गाँवों में भारी अकाल और भुखमरी का साया था
अमरीका से ललका गोहूँ-बजड़ा बँटने आया था

लूट घसोट मची कोटे पे लाठी - डण्डा का साया
    था
विकट परिस्थियों में पापा ने गाँव में दाना
    बँटवाया था

परधानी का वक्त जब आया चौरा पे पंचाइत
    बटुरी
हाथ उठउवल परधानी थी, पापा को परधान
    बनाया
वो था वक्त पचीस साल तक पापा ही परधान
    रहे
जब खुद छोड़ी परधानी तब अन्य कोई परधान
    हुआ

ऊँच नीच और जात - पात पर कभी नहीं
    विश्वास रहा
सबका आदर सबकी सेवा में केवल विश्वास रहा
केवल उनकी सज्जनता थी इतने दिन परधान
    रहे
कोई दाग नहीं जीवनभर जीवन का यह सार रहा

पैंट-शर्ट खूंटी पर टँग गयी बदल गया उनका
परिधान
धोती- कुर्ता और अँगौछा बना रहा उनका परिधान
ऊँची शिक्षा दी बच्चों को कठिन तपस्या उनकी
थी
धन दौलत थी कम कुछ लेकिन मुझपर था
एहसान बड़ा

मेरी माँ

हमने तो सिर्फ उसे काम करते देखा है
रिश्तों- रिश्तों में हमने बँटते हुए देखा है
हजारों हाथों वाली देवी थी या कोई और
मैने माँ को कभी सोते नहीं देखा है

सबको सुलाकर शायद तब वो सोती होगी
रोज सुबह चार बजे भोर में उठती होगी
सबको जगाकर फिर स्वेटर वो बिनती थी
हमको पढ़ने में सुबह मदद किया करती थी

कभी चकिया से वो आटा पीसा करती थी
कभी ओखली में वो धान कूटा करती थी
सुबह नौ बजे से पहले खाना बना देती थी
उस समय गाँव में बिजली नहीं होती थी

काँटे वाली लकड़ी से खाना वो बनाती थी
लकड़ी के धुएं से खांसती भी रहती थी
कपड़े भी धोती थी प्रेस भी वही करती थी
कोयले के प्रेस में कोयला वही भरती थी

जाड़ों में भी वो ठण्ढे पानी से नहाती थी
उसके बाद ही तभी वो चूल्हे पर जाती थी
सिर्फ धोती ही पहनकर खाना वो बनाती थी
बीमार हो तब भी तो खाना वही बनाती थी

खेतों से आई हरी मटर भी वही तोड़ती थी
घुघुरी, कचालू बड़े चाव से बनाती थी
सबको खिलाकर वो स्वयं कब खाती थी?
हमको पता नहीं वो खाती या ना खाती थी

आज हम शहर में सभी साधन सम्पन्न हैं
तपस्या उसी की थी और हम प्रसन्न हैं
आँखों से कम दिखता है चलने में मजबूर हैं
फिर भी माँ गाँव में रहने को मजबूर है

हमको पता नहीं कैसे वो निभाती होगी
बूढ़े हाथों खाना वो खुद ही बनाती होगी
खुदगर्जी में अपना जमीर मर गया था
सोचकर आज तो रो रो के बुरा हाल है

मेरा गाँव

आज़ादी के ठीक बाद की ऐसी करुण कहानी है
बची सिर्फ दो हल की खेती पुरखों की निशानी है
बहुत कठिन थी राह सफर की गुजर बसर हो
    पाता था
पानी के दुष्कर अभाव की अतिशय जटिल
    कहानी है

वर्षा के पानी का केवल ईश्वर जनित सहारा था
खेती और किसानी ही लघु साधन मात्र सहारा
    था
पानी के भीषण अभाव में खेती परती होती जाती
अच्छे परिवारों का भी मृगतृष्णा सा गुजारा था

विकट समस्या उनकी जिनके खेत और खलिहान
    नहीं था
खेतिहर मजदूरों को कोई ईश्वर का वरदान नहीं
    था

काम नहीं रोजगार नहीं जीवन का ठोस आधार
नहीं था
नाम मात्र का भोजन केवल और कोई समाधान
नहीं था

एक वक्त का भोजन था तो चार वक्त उपवास
रहा
खाली पेट पानी पीकर भी भूख का ही एहसास
रहा
दवराही के गोबर से भी अन्न निकाला जाता था
जीवन के बुझते दीपक का दीप जलाया जाता
था

जाड़े में बस आग जलाकर सारी रात बिताते थे
नींद अगर जब बहुत सताये पैरा में सो जाते थे
कथरी एक और छः बच्चे रात भी कैसी कटती
थी
चावल का पानी पी पीकर बच्चे बस सो जाते थे

वस्त्रों की थी विकट समस्या लाज बचाना भारी
था
वस्त्र बिना छोटे बच्चों की जान बचाना भारी था
छप्पर टाटी और ओसारे में जीवन कट जाता था
किसी आपदा में अपनों की जान बचाना भारी
था

शिक्षा का भारी अभाव था अनपढ़ ही रह जाते थे
ऐसी विकट परिस्थियों में केवल कुछ ही पढ़
पाते थे
कठिन समय ईश्वर प्रदत्त था जान बचाना
मुश्किल था
कभी प्लेग, हैजा या चेचक से कितने मर जाते
थे

ईश्वर की महिमा अब देखो जीवन बिल्कुल
बदल गया
घर-घर में शौचालय है और हर घर पक्का हो
गया
कठिन तपस्या कठिन परिश्रम से वे आज
सम्पन्न हैं
घर-घर गैस का चूल्हा पाकर महिलायें बहुत
प्रसन्न हैं

आशियाँ जन्नत में बनाई है

ये मुहब्बत है कि आशनाई है
सुर्ख़ होंठों पे बहार आई है
यूँ न खुल करके इज़हार करो
ज़माना बहुत आततई है
      अपनी दुनियाँ नयी बसायी है
      रंग और नूर से सजायी है
      ज़मी पे छोड़ आया सारे ग़म
      आशियाँ जन्नत में बनायी है
न यहाँ रात न अँधेरा है
चाँद तारों का यहाँ डेरा है
हर तरफ फूल और कलियाँ हैं
बस यहाँ इश्क का बसेरा है
      एक दूजे से नहीं जलते हैं
      हर ख़ुशी में वो शामिल रहते हैं
      कोई उन्नति जो कर रहा हो तो
      दिल से तारीफ़ उसकी करते हैं
रंग रोशन से नहीं सजते हैं
प्राकृतिक रूप से सँवरते हैं
यहाँ की बात क्या करें यारों
तभी तो स्वर्ग इसे कहते हैं

हमने माना इश्क़ ख़ुदाई है
ऊपर वाले की रहनुमाई है
इस नियामत का एहतराम करो
यह इबादत है पारसाई है
यह जन्नत है सिर्फ़ एहसासों का
हमारे दिल के तख़्तेताज़ों का
चश्मेबद्दूर तू मिली मुझको
ख़ुदा का शुक्र इन एहसानों का

एहतराम = पूरे आदर और सम्मान के साथ
पारसाई = पवित्र, पाक़ीज़ा
तख़्तेताज़ों = सिंहासन और मुकुट, शासन का
    भार
चश्मेबद्दूर = बुरी नज़रों से बचाने वाली

काले भौंरे ज़रा क़ीमत तो बता

गुंचों - गुंचों को इन्तज़ार तेरा
फूलों - फूलों को इन्तज़ार तेरा
काले भौंरे ज़रा क़ीमत तो बता
है बहारों को इन्तज़ार तेरा

मेरे कूँचों को इन्तज़ार तेरा
मेरी नज़रों को इन्तज़ार तेरा
तेरी रहमत अगरचे हो जाये
है दरीचों को इन्तज़ार तेरा

तन्हाँ ख़वाबों को इन्तज़ार तेरा
मेरे नग्मों को इन्तज़ार तेरा
ज़िन्दगी ढल रही कुहासों सी
चाँद - तारों को इन्तज़ार तेरा

लम्हों - लम्हों को इन्तज़ार तेरा
कुछ तो मिलने को इन्तज़ार तेरा
कब तलक यूँ छुपोगे नज़रों से
युगों - युगों से इन्तज़ार तेरा

सर्द रातों को इन्तज़ार तेरा
सर्द आहों को इन्तज़ार तेरा
झुकी हैं आँखें तुम्हारे सज़दे में
गर्म साँसों को इन्तज़ार तेरा

ढलती रातों को इन्तज़ार तेरा
बुझते दीयों को इन्तज़ार तेरा
थक रही हैं निगाहें अपनी
टूटती साँसों को इन्तज़ार तेरा

शिक्षक दिवस के अवसर पर

गुरू चरण- रज से जिसने भी माथे तिलक
    लगाया है
वह निज देश और कुल का जग में सम्मान
    बढ़ाया है

शर-शैय्या पर पड़े देवव्रत मन ही मन यह सोच
    रहे थे
क्या मैंने अपने कुल का और गुरु का मान
    बढ़ाया है

कहाँ खड़े इतिहास में गुरुवर कहाँ शिष्य नभ
    पर छाया
दिया अँगूठा एकलव्य ने "गुरु दक्षिणा" चुकाया
    है

गुरू वशिष्ठ और विश्वामित्र की गाथा तो वरदानी
    है
गढ़े गये गुरुओं द्वारा "पुरुषोत्तम" राम कहाया
    है

सघन ज्ञान श्रीराम में था, लंका में ध्वज फहराया
था
वीर शिरोमणि अभिमन्यू ने कुल का मान बढ़ाया
था

सतयुग, त्रेता, द्वापर में गुरुओं का तो गुरुत्व
अलग था
फिर भी हर युग में शिष्यों ने गुरु का मान
बढ़ाया है

क्रिसमस के पावन अवसर पर

एक मसीहा आया द्वारे ख़ुशियों की सौगात
    लिये
जग अपना है सब अपने हैं ऐसे ही जज़्बात लिये

धूप हो चाहे ठण्ढ हो कितनी फर्क नहीं पड़ने
    वाला
चला मुसाफिर पालनहारा झोली में सौगात लिये

एक फ़कीरा ऐसा देखा ग़म में सबके शामिल है
चुपके से घर घर आता है झोली में सौगात लिये

कर्म हमारा, फ़र्ज़ हमारा, अपना बोझ उठाने की
बुरे वक्त में हाज़िर रहता ख़ुशियों की बारात
    लिये

जग सोता है वो जगता है "पारस -पत्थर" साथ
    लिये
कम मिलते हैं ऐसे योगी सजल नयन दिन रात
    लिये

हमारे आशियानों में हो बस्ती काले नागों की

सरे बाज़ार रूसवा करने की थी चाल ग़ैरों की
शराफ़त याद आयी तब मुझे सौ बार अपनों की

तुझे चाहा, तुझे पूजा कभी अपनों से भी बढ़कर
मगर ऐसी अदावत की नहीं थी सोच सपनों की

चले थे जब तलक हम साथ रूहानी मुहब्बत थी
मुझे क्यूँ याद आती है तुम्हारे सर्द नग़मों की

मुझे अब भी नहीं विश्वास है तेरी ख़ताओं का
मगर जब दर्द देती है जिगर में टीस ज़ख्मों की

अरे ऐ दुनियाँ वालों अब मुहब्बत ही नहीं करना
वो चाहे ग़ैर हों, रब हों तू गिनती रखना सज़दों
    की

सजर पर कैसे बैठेंगे परिन्दें सोचना यारों
उन्हीं के आशियानों में हो बस्ती काले नागों की

हमारे ख़ून के रिश्ते बिछुड़ते जा रहे हैं

शेरः प्रकृति की क्रूरता ऐसी मैं अपनों तक नहीं
   पहुँचा
असह्य यह दर्द है या रब ये मेरे साथ जायेगा

हमारे ख़ून के रिश्ते बिछुड़ते जा रहे हैं
बनाये तिनकों से जो घर उजड़ते जा रहे हैं

बड़ी शिद्दत से क़ुदरत ने बनाये थे मेरे बाज़ू
मगर क्यूँ बारी - बारी से वो कटते जा रहे हैं

बड़ी मुश्किल से जो रिश्ते हमने बाँध रखे थे
ख़ुदा का कहर है जो अब सिमटते जा रहे हैं

अजीज़ों का हमारे दर्द कोई पूछे मेरे दिल से
किसी को क्या बतायें, हम तो घुटते जा रहे हैं

कितने राजे महराजों को बनते और बिगड़ते देखा

कितने राजे महराजों को बनते और बिगड़ते
देखा
कितनी ऊँची मीनारों को क्षण भर में ही ढहते
देखा

ऐ "सन्यासी" अपने तप पर इतना न इतराये तू
हरिश्चन्द्र से "गृहस्वामी" को कठिन तपस्या
करते देखा

तप हो श्रवणकुमार के जैसा पित्र भक्त सन्यासी
भी
हमने राजा दशरथ जैसों का भी भाग्य उजड़ते
देखा

ध्रुव सा अटल भक्ति हो जिसमें अजरअमर हो
जाता है
एकलव्य सा भक्त, गुरू को अमर दक्षिणा देते
देखा

तिरस्कार दशरथ से पाया, पुत्रों से अपमानित देखा
सबसे प्रिय रानी कैकेई को भी खूब बिलखते देखा

भाग्य कंस, रावण का था, या कर्मफल सर्वोपरि था
सेबरी और जटायु जैसों का भी भाग्य सँवरते देखा

मैं रहूँ या ना रहूँ यह घर सदा हँसता रहे

ऐ सजन तेरे भरोसे रिश्ते सारे छोड़ आई
अब नये मिल जायेंगे माँ बाप मैके छोड़ आई

चाँद सूरज तारे मुझको रात पहली दिख गये
आप को देखा तो सारे ख़्वाब सच्चे हो गये

अब उन्हें देखूँ कि उनसे बातें कर लूँ रात भर
हो रही बरसात अँखियों से ख़ुशी की रात- भर

घर नया नाज़ुक सुबह सब रिश्ते नाते थे नये
सबने हाथों-हाथ लेकर मुझको गद्गद् कर दिया

जिस्म की हम क्या कहें अब रूह रूमानी हुई
सबसे मिलकर यह लगा कि धाम चारों मिल
   गये

मुझको लगता है कि यह परिवार पहला हो गया
बाद में जो कुछ बचा वह भी दुलारा हो गया

ऐ ख़ुदा तुझसे गुज़ारिश यह सदा चलता रहे
मैं रहूँ या ना रहूँ यह घर सदा हँसता रहे

प्रेम ब्रह्म है प्रेम ही पूजा

प्रेम ब्रह्म है प्रेम ही पूजा
प्रेम सरिस नहिं पावन दूजा

विनय कृपा करुणा हैं सागर
परोपकार सा नहिं कोई दूजा

अंगदान और रक्तदान हैं
सब दानों में सबसे ऊँचा

ईश प्रेम या देव प्रेम हो
देश प्रेम है सबसे ऊँचा

देश की ख़ातिर शीष चढ़ा जो
वो बलिदानी सबसे ऊँचा

बँटवारे में मां बाप को ही माँग लिया

सबने बँटवारे में बस दौलत माँगी
हमने तो मां बाप को ही माँग लिया
हमने दहलीज़ों की तो इज़्ज़त चाही
सबने दरवाज़े को ही बाँट लिया

दर्द में बेबस आँसू भी बहते देखा
माँ को बेआवाज़ सिसकते भी देखा
मर मरकर जिसने बनाया आशियाँ
उसने गुलशन को बिखरते भी देखा

यह ईंटे पत्थर की कोई दीवार नहीं
यह तो है बस आबरू बुज़ुर्गों की
जिनकी हम पर थी दुआयें रातों दिन
निगहबानियाँ पुरखों की थी रातों दिन

अब बच्चों की किलकारियाँ बँट गयी
बूढ़ों की भी आस्थाएं बँट गयीं
दुःख सुख में शिरकत थी रातों दिन
अब ख़ुशी और ग़म भी सबकी बँट गई

शायद हम कमज़ोर अब होने लगे हैं
अब वज़ूदों से भी हम डरने लगे हैं
था कभी हर सिम्त जो रुतबा हमारा
अब पड़ोसी तक आँखे दिखलाने लगे हैं

जब भी वो याद आती है
हमजोली गाँव की

परदेश में जो याद आई होली गाँव की
सरपंच जी की भंग वाली गोली गाँव की
सखियों की परस्पर की वो ठिठोली गाँव की
और भंग के तरंग वाली टोली गाँव की

अँखियों से बरसते हैं मेरे बेज़ुबां आँसू
जब भी वो याद आती है हमजोली गाँव की

ढोल और मजीरे संग फगुई गाँव की
बुढ़ऊ पी के मस्त रहिन महुआ गाँव की
भइया भी खिलखिलाइ परेनँ भउजी देखि के
कींचा में लटपटान रहिन सुगना गाँव की

अँखियों से बरसते हैं मेरे बेज़ुबां आँसू
जब भी वो याद आती है हमजोली गाँव की

दुर्गा पूजा

माँ द्वार पड़ा हूँ तेरे

दीन दुःखी तन धन से हूँ
मन तरपत दरश को तेरे
माँ अँसुवन बरसत मेरे

माँ द्व्वार----

दौलत की दीवार खड़ी माँ
बीच में तेरे मेरे
कैसे हों दर्शन तेरे

माँ------

जुगों जुगों की प्यास बुझा
हम तरसे दरश को तेरे
हम भी बालक हैं तेरे

माँ------
रक्तबीज फिर बढ़ने लगे माँ
पावन देश में मेरे
अब देश हवाले तेरे
माँ-----

माता सीता के जन्मोत्सव के अवसर पर

परित्यक्ता कलंक से कलुषित, जिसके दोषी
बनते राम
परम पुनीता माता सीता, रोम - रोम में रमते
राम

कमल कली सी कोमल काया, सौम्य गुलाबी
सुन्दर रूप
बज्र सी देह साँवली काया, कोमल दिल में बसते
राम

उठा धनुष तब यज्ञ रचा था, हिला न पाया था
दसमाथ
हरण उसी से हो गयीं माता,? कैसी लीला रचते
राम

अजर अमर कर दिया सिया ने, इक उपकार के
बदले में
ऋणी रहे हनुमान सदा ही, आजीवन वे भजते
राम

रावण की हैं क़ैद में माता, बजरंगी देते संदेश
ज़्यादा दिन जीवित न बचेंगी, ऐसी पीड़ा सहते
राम

जीवन दुःख है दुःख ही जीवन, कौन सा दुःख
था उनसे दूर
ऐसा त्याग अनूठा देवी, भजु मन सीता कहते
राम

वनबासी पक्षी पेड़ों से, मोह हो गया था माता को
समां गयी धरती में माता, पुनः कभी न मिलते
राम

तुलसी तुलसीदास न होते, न रामायण श्रुति जन जन का

कोल भील जंगलवासी का, पुलकित रोम- रोम
सब तन का
माता सीता की ममता से, सुरभित कोना - कोना
वन का

सत्ता के गलियारों से जो, दूर रहे थे युगों -
युगों तक
उन्हें जोड़ने की खातिर तब, त्याग दिया था
प्यार सजन का

छुआ छूत और ज़ात पात का, ज़हर घुला था
जन जन में तब
ऊँच नीच का भेद मिटाकर, दूर किया अँधियारा
मन का

कूटनीति माँ कैकेई की, त्याग न होता माँ सीता
का
तुलसी तुलसीदास न होते, न रामायण श्रुति
जन - जन का

बाल्मीक जी अमर हो गये, पाकर माता सी पुत्री
को
माँ सीता की सेवा करके, जागा भाग्य सुखद
संतन का

जब भी चर्चा राम की होगी, पहले होगी माँ
सीता की
ये अन्तर है त्याग और बल का, जय जय सीता
रघुनन्दन का

कर्मक्षेत्र या युद्ध क्षेत्र हो मातृभूमि सर्वोपरि है (करगिल)

दुश्मन को तो कुचल डालना यह रणनीति पुरानी है
गोरी और चौहान के रण की कैसी अजब कहानी है

जंग जीतकर अभयदान दें उसका क्या परिणाम हुआ
करगिल का रण सीमावर्ती समझौतों की निशानी है

कब तक वो इतिहास पुराना दुहराया यूँ जायेगा
कब तक यूँ बेकार बहेगा लहू कि जैसे पानी है

कूटनीति का रंग जमा है ख़ून की होली खेलो तुम
पिछला वो इतिहास बदल दो अब की हवा सुहानी है

आगे उसको करके चीनी पूँछ दबाकर भाग लिये
सबक तो उसको सिखलायेंगे जिसकी कारस्तानी
है

कितनी बार जलील हुआ वो फिर भी बाज़ नहीं
आता
बार-बार पिटने आता है फितरत पाकिस्तानी है

किसी तीसरे की बिचवायी कभी हमें स्वीकार
नहीं
अगर शिखंडी बीच खड़ा हम भीष्म महाबलिदानी
हैं

अगर समर में आये हो तो बचने का अब प्रश्न
नहीं
याचक बनकर आ जाओ हम कर्ण सरीखे दानी
हैं

कर्मक्षेत्र या युद्ध क्षेत्र हो मातृभूमि सर्वोपरी है
जो निज देश के काम न आवे वो बेकार जवानी
है

वतन महफ़ूज़ है जाँबाज़ बेटों की बदौलत ही

हमारे देश के वीरों तुम्हें शत् शत् नमन मेरा
तेरी अनमोल क़ुर्बानी को है शत् शत् नमन मेरा
तुम्हीं से रक्षित है भारत तेरी अनमोल थाती है
तुम्हारे पूर्वजों को दिल से है शत् शत् नमन मेरा

इसे अश्फ़ाक़उल्ला और हमीदों की ज़रूरत है
इसे सूभाष जैसे कैप्टनों की भी ज़रूरत है
वतन महफ़ूज़ है जाँबाज़ बेटों की बदौलत ही
वतन पर मिटने वाले सरफरोशों की ज़रूरत है

हमारे अन्नदाताओं को है शत् शत् नमन मेरा
उनकी हांड़-तोड़ श्रम को भी शत् शत् नमन मेरा
तुम्हारा श्रम ही है जिसकी बदौलत जी रहे हैं
    हम
मेरे भगवान अन्नदाता को है शत् शत् नमन
    मेरा

सफल विज्ञान के कारण ज़रा वो हमसे आगे हैं
ये खोजें ही बनाती हैं उन्हें वे सबसे आगे हैं
हमारे ज्ञान और विज्ञान की ऊँची उड़ानें हों
तभी कह पायेंगे कि हम दुनियाँ से भी आगे हैं

----2----

यहाँ सच पे है पाबन्दी, मैं झूठा कह नहीं सकता
अगर कह दूँ मैं सच यारों, तो कोई सह नहीं
   सकता
अगर हो आग का दरिया, तो उसको पार मैं
   कर लूँ
मगर है झूठ का दरिया, मैं इसमें बह नहीं
   सकता

यहाँ के रहनुमाओं पर हमें विश्वास हो कैसे
भला श्वेताम्बरों की बात का विश्वास हो कैसे
यहाँ पीताम्बरों के वेश में भी भेड़िये कितने
तुम्हीं बोलो कि अब भगवान पर विश्वास हो
   कैसे

सावन में काँवड़ियों की भजन (भोलेनाथ)

मेरे भोले भंडारी तो भक्तों के वश में होवें
गंगा माँ के अमृत जल से तन मन मन्दिर को
 धो लें

करें कृपा सब पे समान सब भक्त बराबर हैं
 उनके
दर्शन का दें लाभ बराबर भक्ती जैसी है जिनके

जात पात न देखें कँवड़िया बस इंसा का दिल
 देखें
एक दूजे के दुःख - सुख में वे केवल मानवता
 देखें

कठिन तपस्या काँवड़ियों की पाँव में छाले ले
 डोलें
छलकायें गागर की सागर तो छाले भी शीतल
 हो लें

तपती धूप दोपहरी की हो या बर्फीला हो तूफान
जय हो काँवड़ियों की हिम्मत साथ में बाबा की
जयकार

हे जगदीश्वर, हे नारायण मेरी भी अर्जी सुन लो
कृपा करो हे दयानिधे मुझ सा गरीब तेरे चरण
पड़े

कुछ शेर और मुक्तक

प्यार शैतान को इन्सान बना सकता है
बाँस सी लकड़ी से वो तान सुना सकता है
घर के पत्थर को सलीक़े से तराशा जाये
हर कोई घर में ही भगवान बना सकता है

दिलों में कुछ, ज़ेहन में कुछ, ज़ुबां से कुछ और बोलते हैं
तभी तो मैं कहूँ कि आइने क्यूँ झूठ बोलते है

तेरा किरदार जो है तू सलीक़े से निभाता चल
यही तो फ़र्ज़ भी तेरा ख़ुदा की भी इबादत है

हर एक दिल में इक हँसीन ख़्वाब रहता है
मैं हूँ काँटा मेरे दिल में गुलाब रहता है

बात सोने सी लगे या फिर खरी खोटी लगे
बात सच्ची ही कहूँगा आपको जैसी लगे

इन आलीशान महलों की ऊँचाइयाँ न देख
हम जैसे बेगुनाहों की यहाँ लाशें दबी होंगी

वो ग़ुलामी ठीक थी या आज का आज़ादे हिन्द
तब तो दुश्मन सामने था आज परदापोश है

शक़ है मुझको शेर मेरा होगा पूरा या नहीं
बैठकर बारूद पर मैं कर रहा हूँ शायरी

न्याय बेबस, जुर्म शातिर और व्यवस्था दर नकारी
टूट जाता है सरौता अब नहीं कटती सुपारी

हम तो मिटकर भी निभायेंगे रश्म उल्फ़त की
उनको आदत है मिटा करके मुस्कुराने की

बंद कमरों की सियासत में ही ज़हर घोल गया
चंद सिक्कों की खनक से ईमान डोल गया
हुक़्मरानों का हुक़्मराँ जब वतन में आया
चन्द लम्हों में ही सियासत का वज़न तोल गया

ऐ माली तू कुछ और सायेदार पेड़ पैदाकर
कि कल जो हों सफर में तो यही साया करेंगे

लिखे फाँके ही किस्मत में मुझे मंज़ूर है लेकिन
सवाली हो के मुझसे हाथ फैलाया नहीं जाता

व्यवस्था बाज और हम सब कबूतर हो गये हैं
देखिए कब किसकी बारी आती है

वो ज़िहादी हैं या कायर आप ही बतलाइये
क्या बिगाड़ा था किसी का बेख़बर मासूमों ने

बड़ी मुश्क़िल से मिलता है समन्वय चार चीज़ों का
समझ व सादगी और हुस्न, अपनापन हँसीनों का
मगर ऐसी ही क़ुदरत का करिश्मां साथ हैं अपने
कहाँ होती है आमद मेरी महफ़िल में नगीनों का

दिखावे की मुहब्बत हो तो उससे दूर ही रहना
ऐसी बेमुरव्वत दोस्ती से बेरुखी अच्छी

ओस की एक बूँद

ये शबनम टपकने को है
सीप में मोती बनने को है
एक हल्का सा हवा का झोंका
प्यार में बस सिमटने को है
  चाँदनी रात में झिलमिलाती सी
  शोख़ कलियों सी मुस्कराती सी
  लरज लरज के रिझाती है मुझे
  पास आने से कतराती सी

सर्द रातों में दुशाला ओढ़े
अपने आशिक़ से बतियाती सी
कंपकंपाती ठंढ में निखरी निखरी
कुछ बेलौस अदा दिखलाती सी
  इन आंखों को सुकून मिलता है
  हवा के झोंकों से डर लगता है
  भरी जवानी में बिछड़ न जाय कहीं
  जाने क्यूँ मन मेरा सिहरता है

आफ़ताब से शरमा जाती है
धीरे-धीरे ये मुरझा जाती है
जेठ जी आते हो क्यूँ पास मेरे
लाज से ये तो कुम्हिला जाती है